ななつ星 in 九州
画集

水戸岡鋭治

河出書房新社

CRUISE TRAIN SEVEN STARS IN KYUSHU

　私は若いころ広告やコンペのプレゼン用に建築パースを描いていて、それを「イラストレーション・パース」と勝手に名づけて私流の画集を出版しました。1980年のことです。細々とした業種の垣根を乗り越えて「絵」という一点でシームレスにつながるデザインという世界に、私は遊んでいました。

　図面を手元に、だれも見たことのない三次元の空間を想像しながら白紙の上に点を打ち、線を引き、面を形づくり、色を着せる。建物が立ち上がると景観を整え、室内の素材や備品を選び、家具を造り、さらにあらまほしきファッショナブルな人物まで登場させる。その作業は仕事であると同時に無上の愉しみでもありました。

　絵を描くことはデザインすることである。わくわくして描く、伝えたくて描く。見せたくて描く。照れずにいえば、絵は私の言葉であり、理想であり、夢であり、祈りに近いといってもよいでしょう。

　私がJR九州の車両デザインに手を初めるようになって25年後の2013年、「ななつ星 in 九州」が完成しました。絵から図面へ、実物へ、という流れはいつもどおりですが、「ななつ星」では出来あがった実際の姿からもう一度「絵」にフィードバックして発表の場を得るという、願ってもないUターンが実現しました。

　ぎこちなかった一本の線からはじまり、幾多の無名の人々の手を集めきとふくらみをもった濃密なデザイン空間へ。ディテールひとつひとつの手触りまで実感しつつ、製作途中の苦楽を反芻しながら再び筆をもつことができたことを、関係する皆さまにあらためて感謝いたします。

　いつの時代も多くの場合、一枚の絵は無数の無名の人々の手を集めて完成します。私たちドーンデザイン研究所でも、好むと好まざるにかかわらず、また道具の種類を問わず、スタッフはまず絵を描く作業に参加します。デザインのための絵描き集団であり、また純粋に商業ベースのイラスト工房でもあるのです。

　今日デザイン作品を記録するには、優れて効率的な手段が多々あります。しかし「ななつ星」プロジェクトにかかわったすべての方々の稀有な努力と情熱と技の結晶は、私たちの原点であるデザイン画という形で記憶にとどめていただきたいと願いました。多少の歪みや恣意や、ときに幻影まで映りこんでいるとしても、絵こそが私の尽くせぬ感謝の意をまっすぐに伝えられる唯一の表現方法だからです。

2014年10月

水戸岡 鋭治

AROUND THE KYUSHU

九州各地を巡る「ななつ星 in 九州」の旅

CONTENTS

- ★ ラウンジカー「ブルームーン」　8
- ★ ダイニングカー「木星」　24
- ★ 客室／スイート　34
- ★ 客室／デラックススイート　46
- ★ 「ななつ星」のデザイン　65
- ★ オリジナルデザインの建具・調度品　81
- ★ INDEX　92

博多駅 ラウンジ「金星」

博多駅 ホーム

Lounge car "Blue Moon"

1号車 ラウンジカー「ブルームーン」

← 2号車

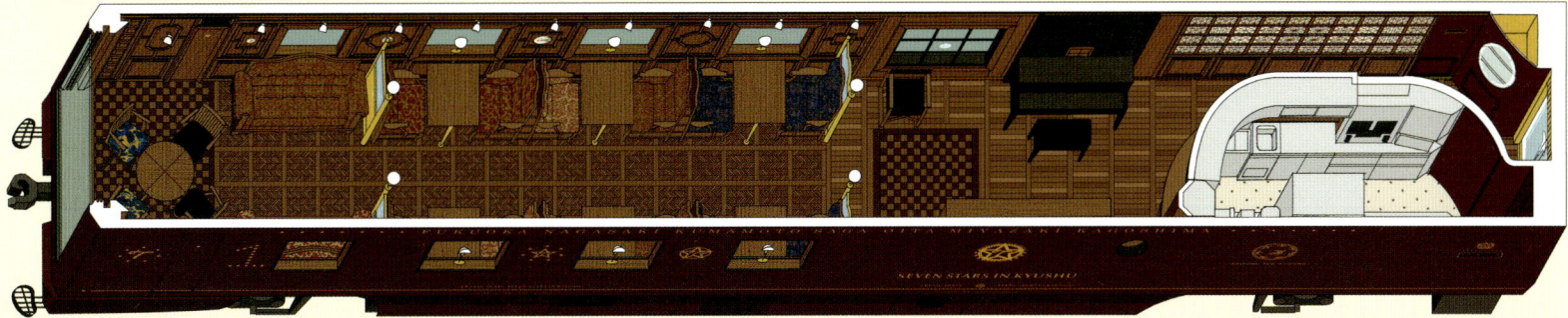

2号車 →

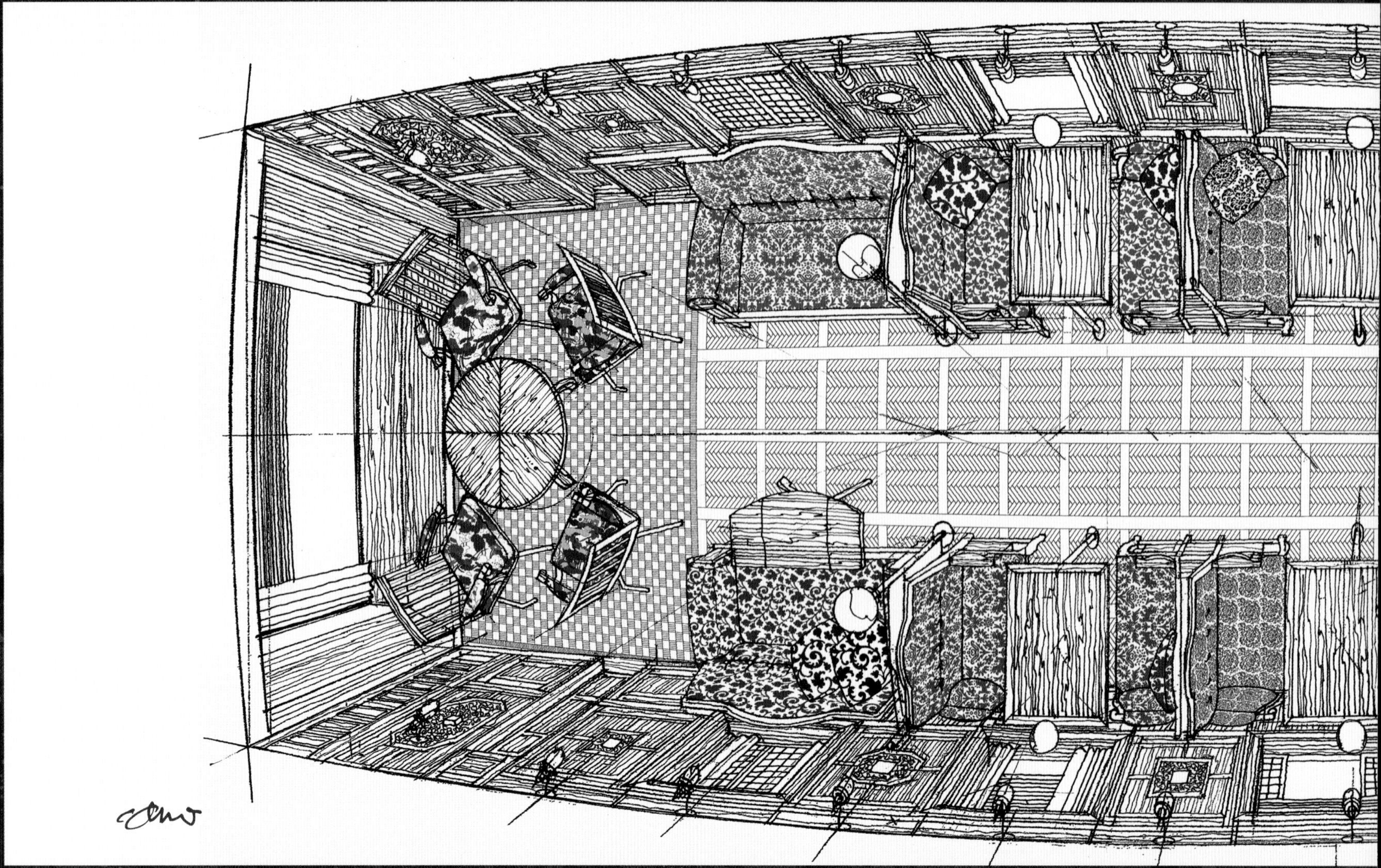

Lounge car "Blue Moon"
CRUISE TRAIN SEVEN STARS IN KYUSHU

ラウンジカー「ブルームーン」鳥瞰図

展望席

ソファ席でのティータイム

テーブル席でのディナー

Lounge car "Blue Moon"

テーブル席でのディナー

ピアノとブルームーンバー

2号車出入り台

Dining car "Jupiter"

２号車出入り台

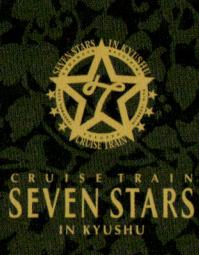

KUSUGAWA

阿蘇駅 レストラン「火星」

Dining car "Jupiter"

2号車 ダイニングカー「木星」

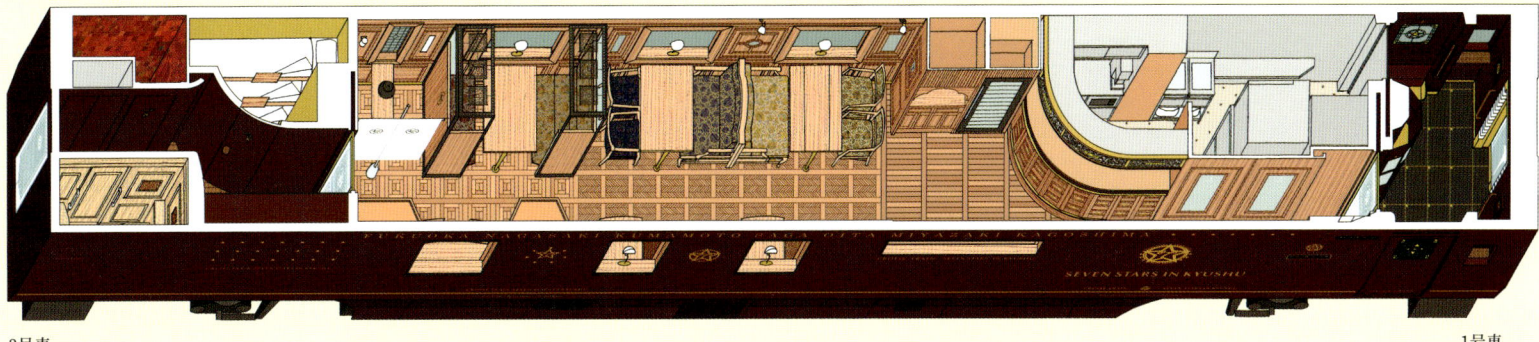

3号車 ←　　　　　　　　　　　　　　　　　　　→ 1号車

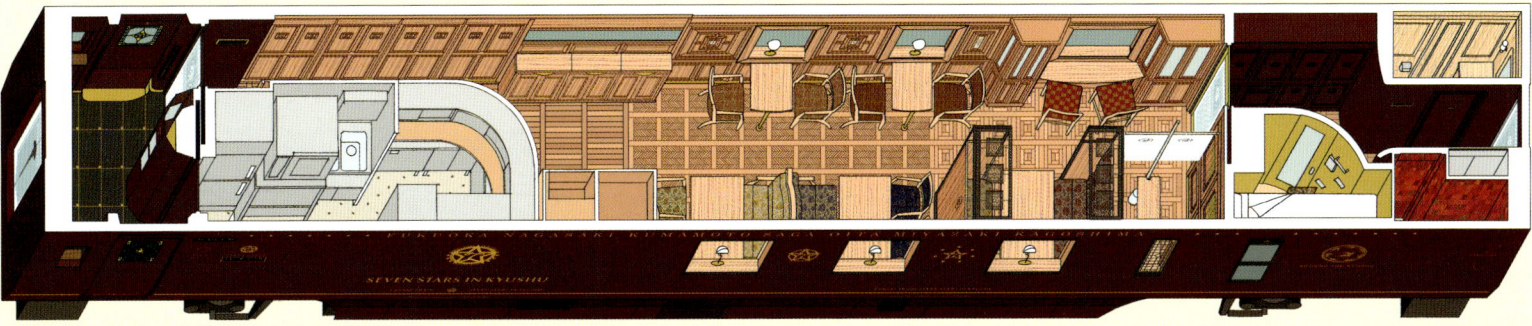

1号車 ←　　　　　　　　　　　　　　　　　　　→ 3号車

テーブル席と木星バー

Dining car "Jupiter"

テーブル席

茶室とセミコンパートメント

Design of Lounge and Dining

展望窓

組子

金箔

ブルームーンバー

ステンドグラス

格天井

収納付き椅子

ソファ席

額絵

照明

茶室

セミコンパートメント

Gallery
ななつ星
ギャラリー

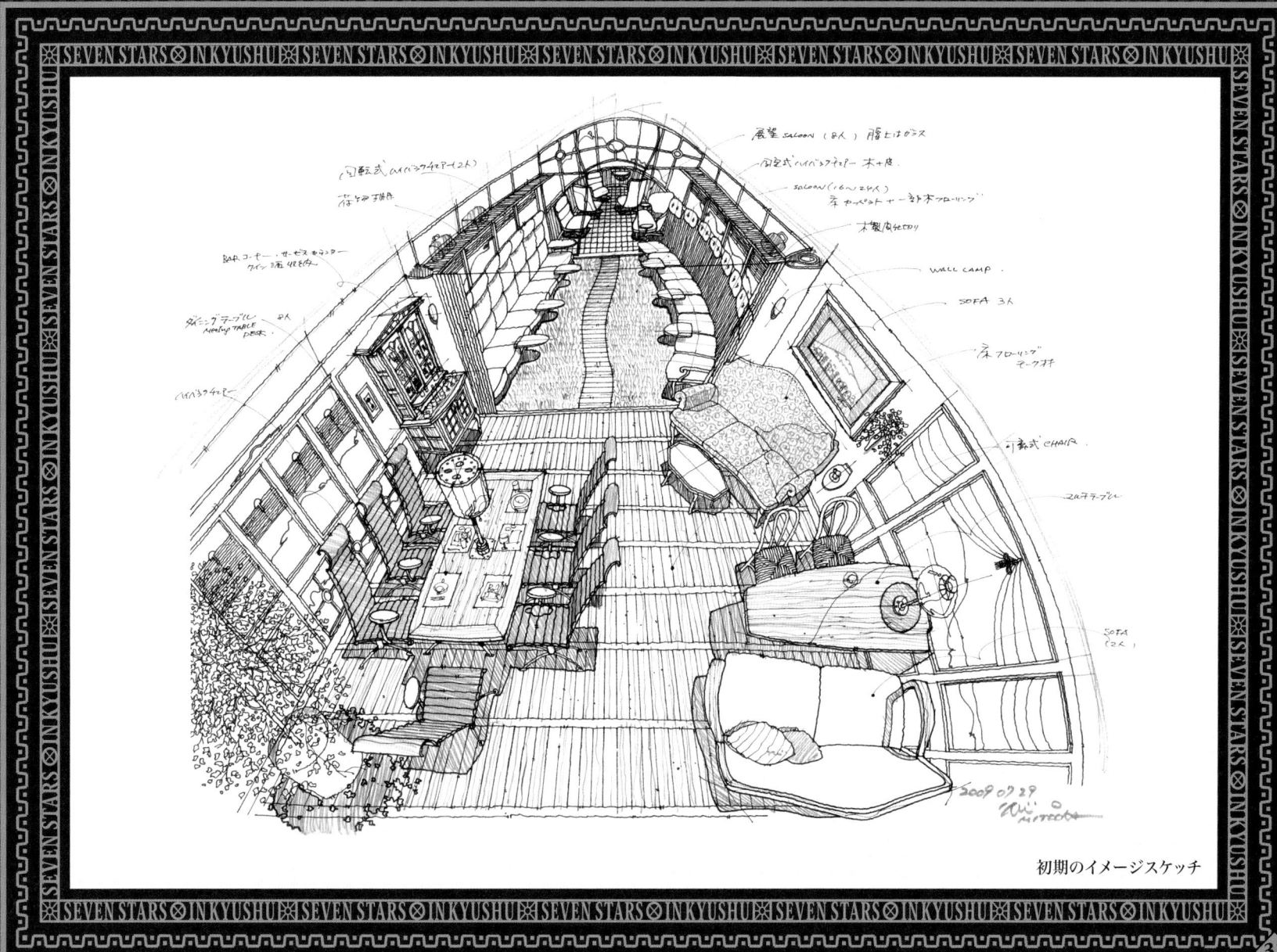

初期のイメージスケッチ

大畑駅リニューアルイメージ

駅イメージ

401号室

car 3-4 / Suites

Suite Rooms

Car no. 3 — 3号車 スイート

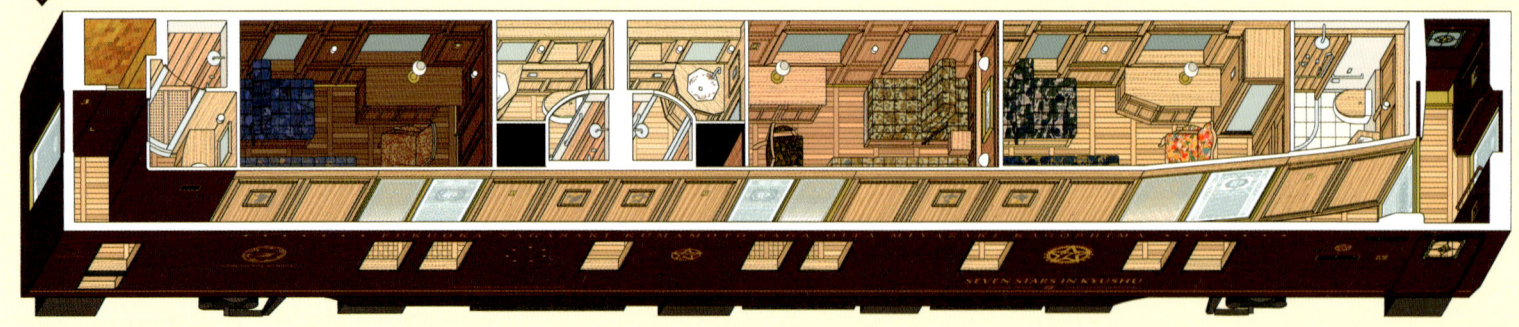

← 4号車 　　　　2号車 →

Car no. 4 — 4号車 スイート

← 5号車 　　　　3号車 →

CRUISE TRAIN SEVEN STARS IN KYUSHU

car 5-6/Suites

Suite Rooms

Car no. 5   5号車 スイート

6号車 ←　　　　　　　　　　　　　　　　　　　→ 4号車

Car no. 6   6号車 スイート

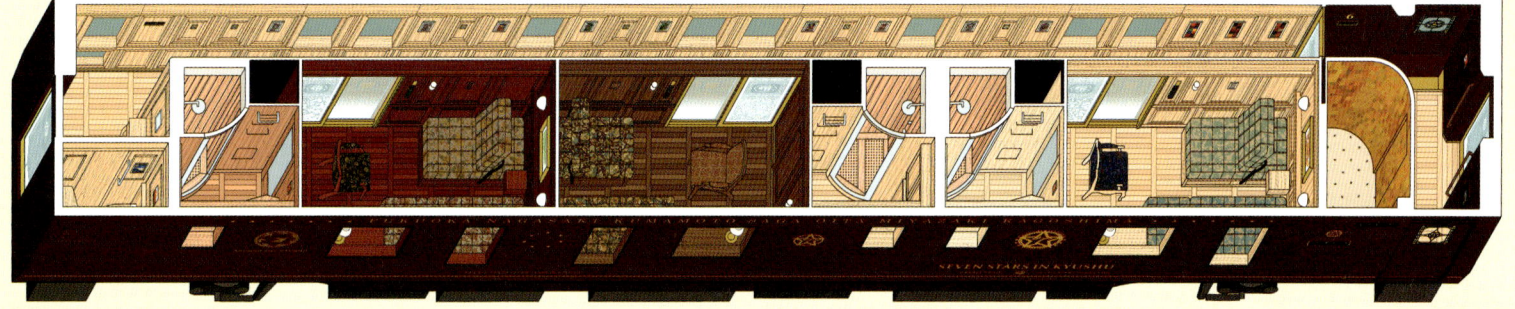

7号車 ←　　　　　　　　　　　　　　　　　　　→ 5号車

CRUISE TRAIN SEVEN STARS IN KYUSHU

Suite 301

Suite Rooms

CRUISE TRAIN SEVEN STARS IN KYUSHU

301 Sanitary

Shower Room

Suite ✪ Rooms

502号室と通路

602号室

7号車出入り台

Suite Rooms

7号車出入り台と通路

POSTERS

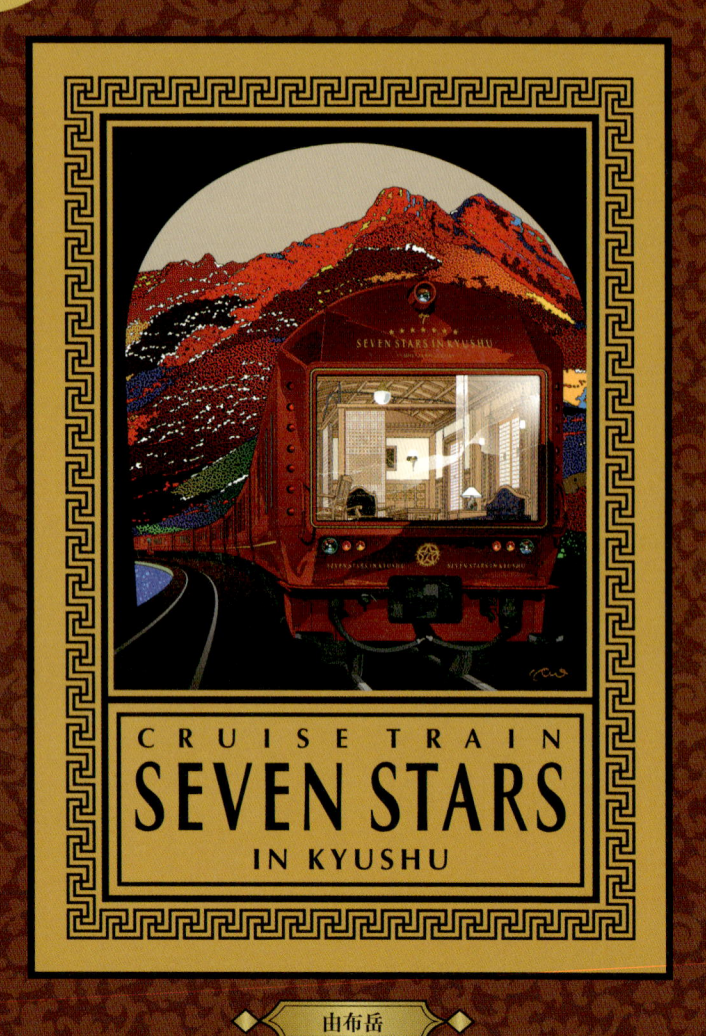

CRUISE TRAIN
SEVEN STARS
IN KYUSHU

由布岳

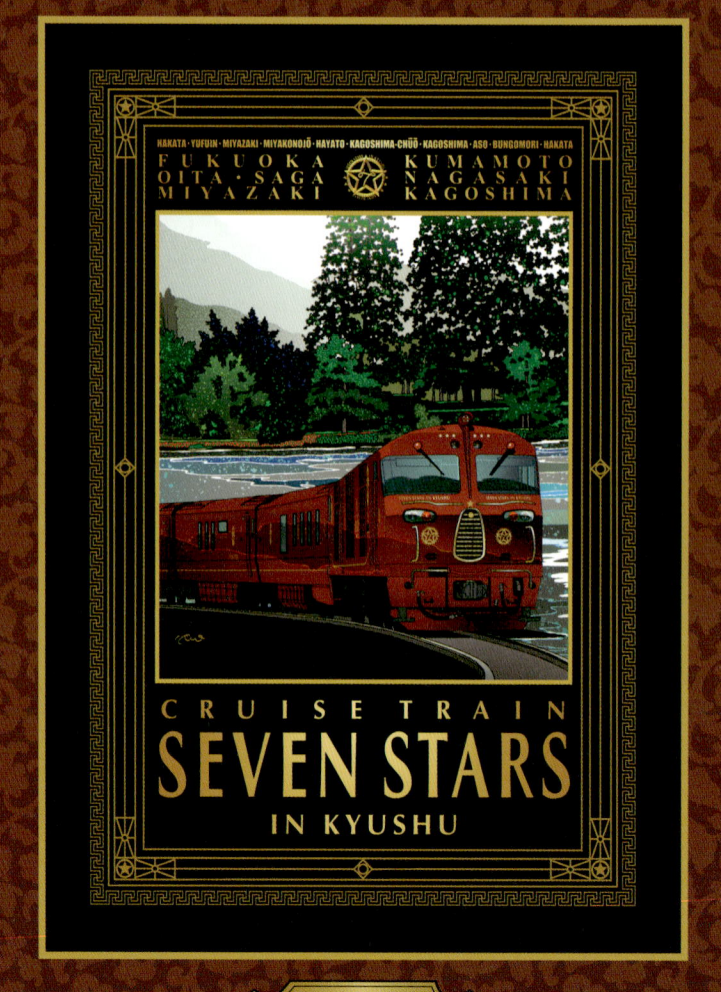

CRUISE TRAIN
SEVEN STARS
IN KYUSHU

金鱗湖

北斗七星

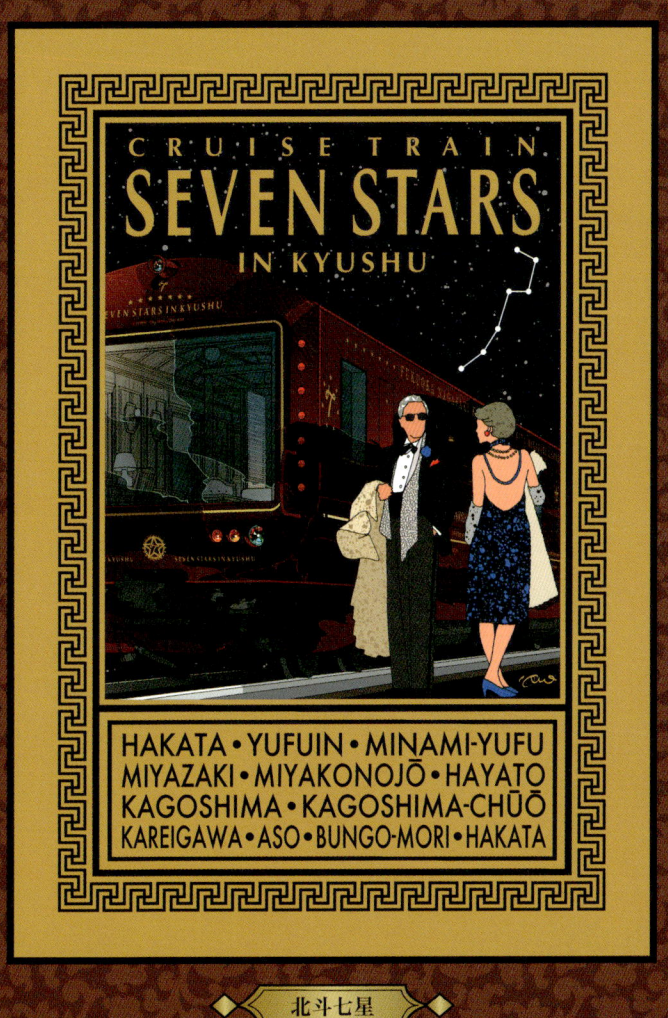

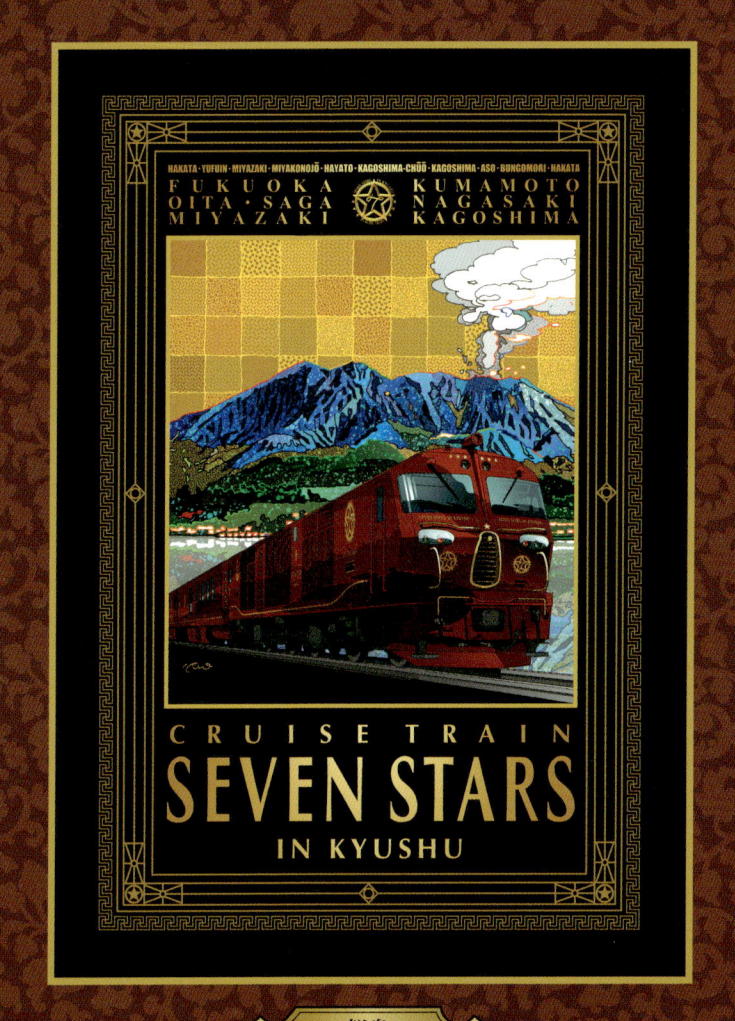

桜島

Car no. 7

Deluxe Suite Rooms

7号車 客室／デラックススイート

Deluxe Suites

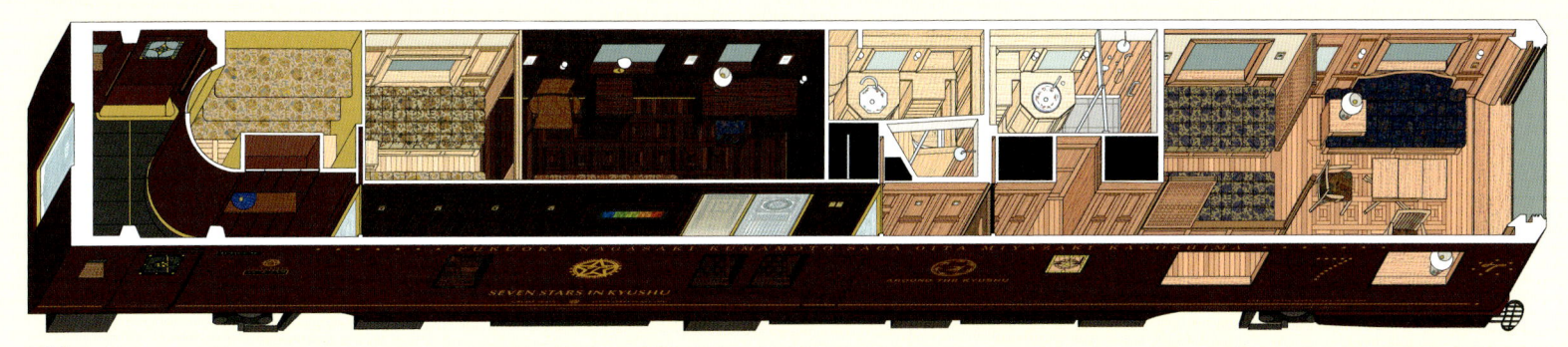

Car no. 7

7号車 デラックススイート

Deluxe Suite Rooms

← 6号車

6号車 →

CRUISE TRAIN SEVEN STARS IN KYUSHU

Deluxe Suite Rooms

Deluxe Suite 701

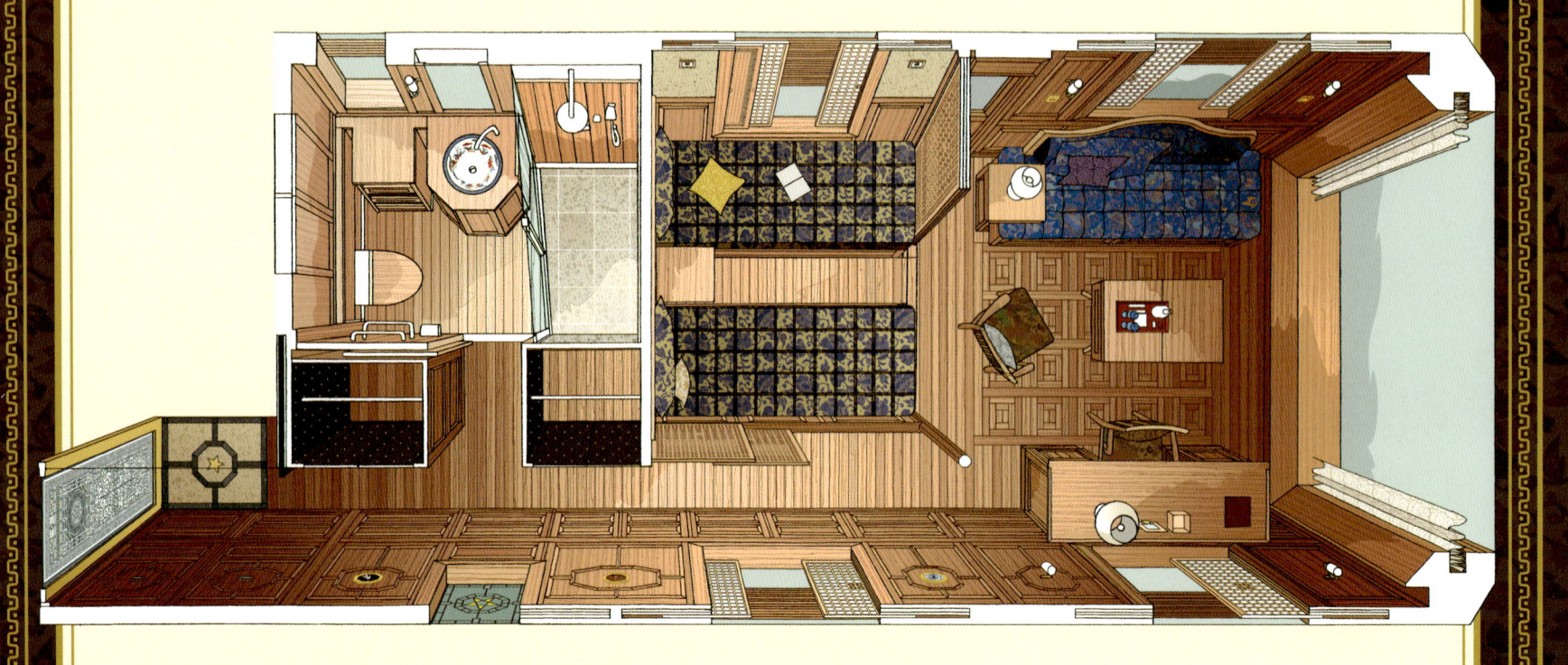

CRUISE TRAIN SEVEN STARS IN KYUSHU

Deluxe Suite Rooms

701号室

701号室

Deluxe Suite Rooms

702号室

Deluxe Suite 702

Deluxe Suite Rooms

CRUISE TRAIN SEVEN STARS IN KYUSHU

Deluxe Suite Rooms

702号室

Gallery
ななつ星ギャラリー

初期のイメージスケッチ

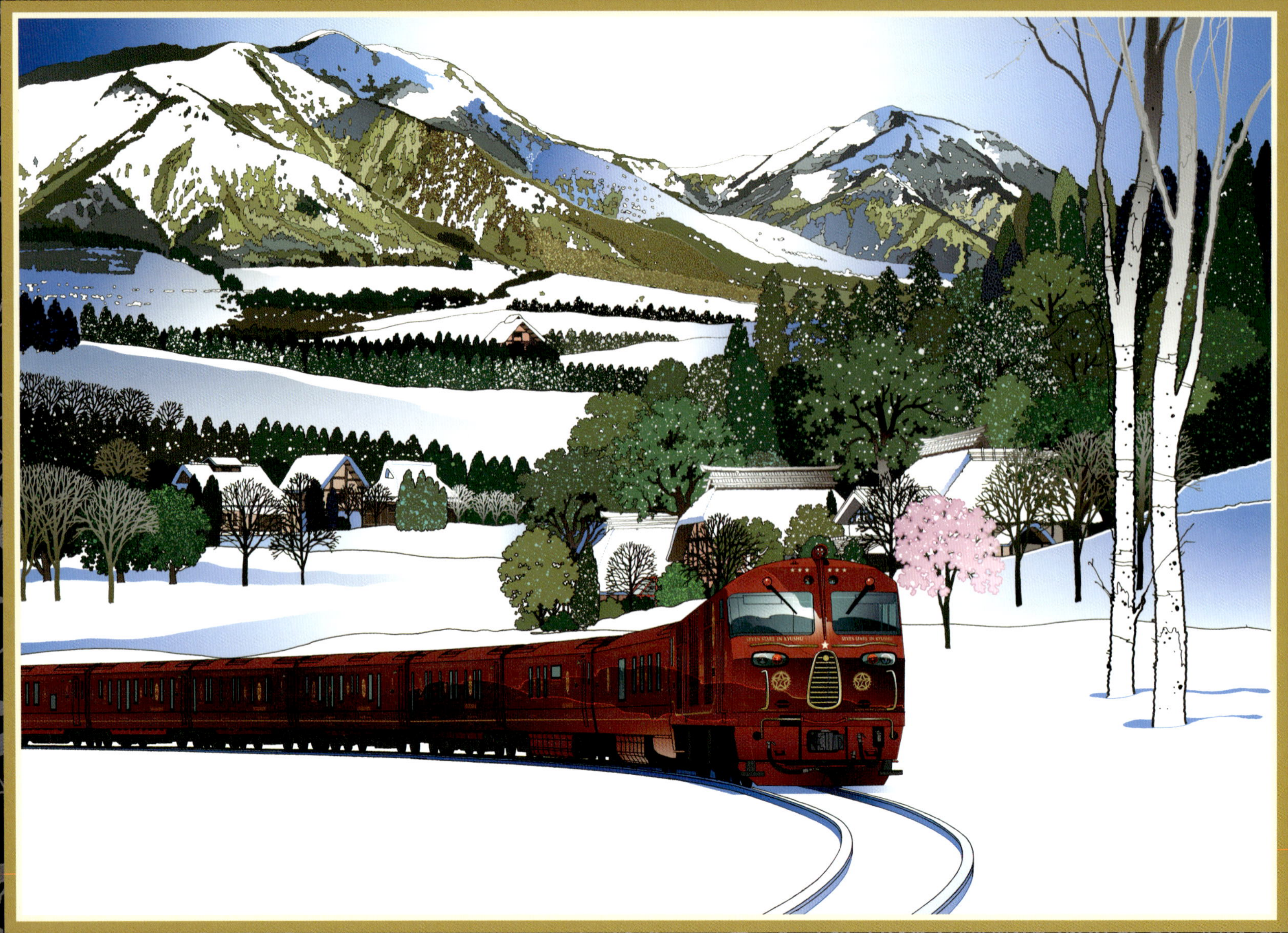
SEVEN STARS IN KYUSHU
SEVEN STARS IN KYUSHU

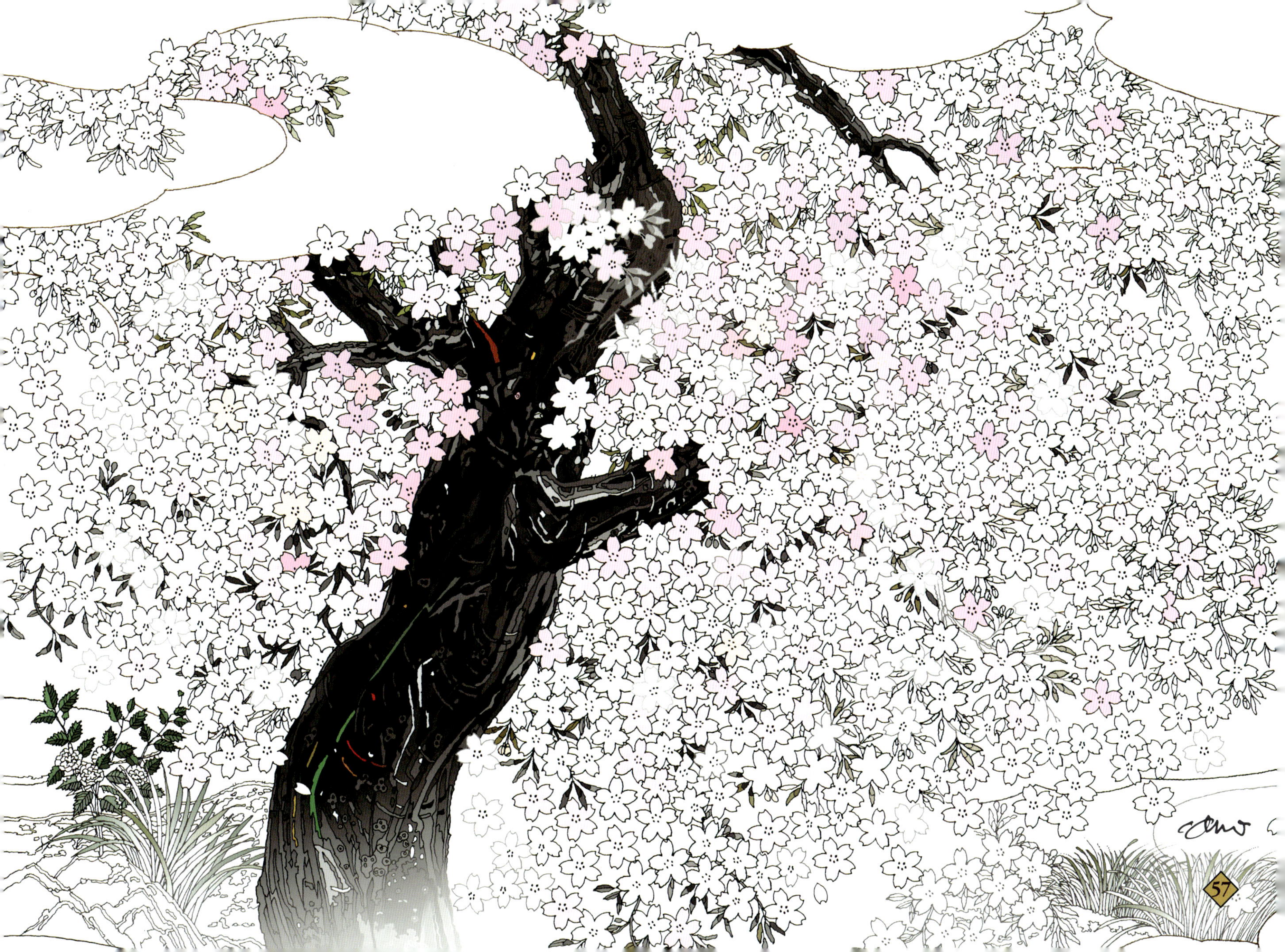

58

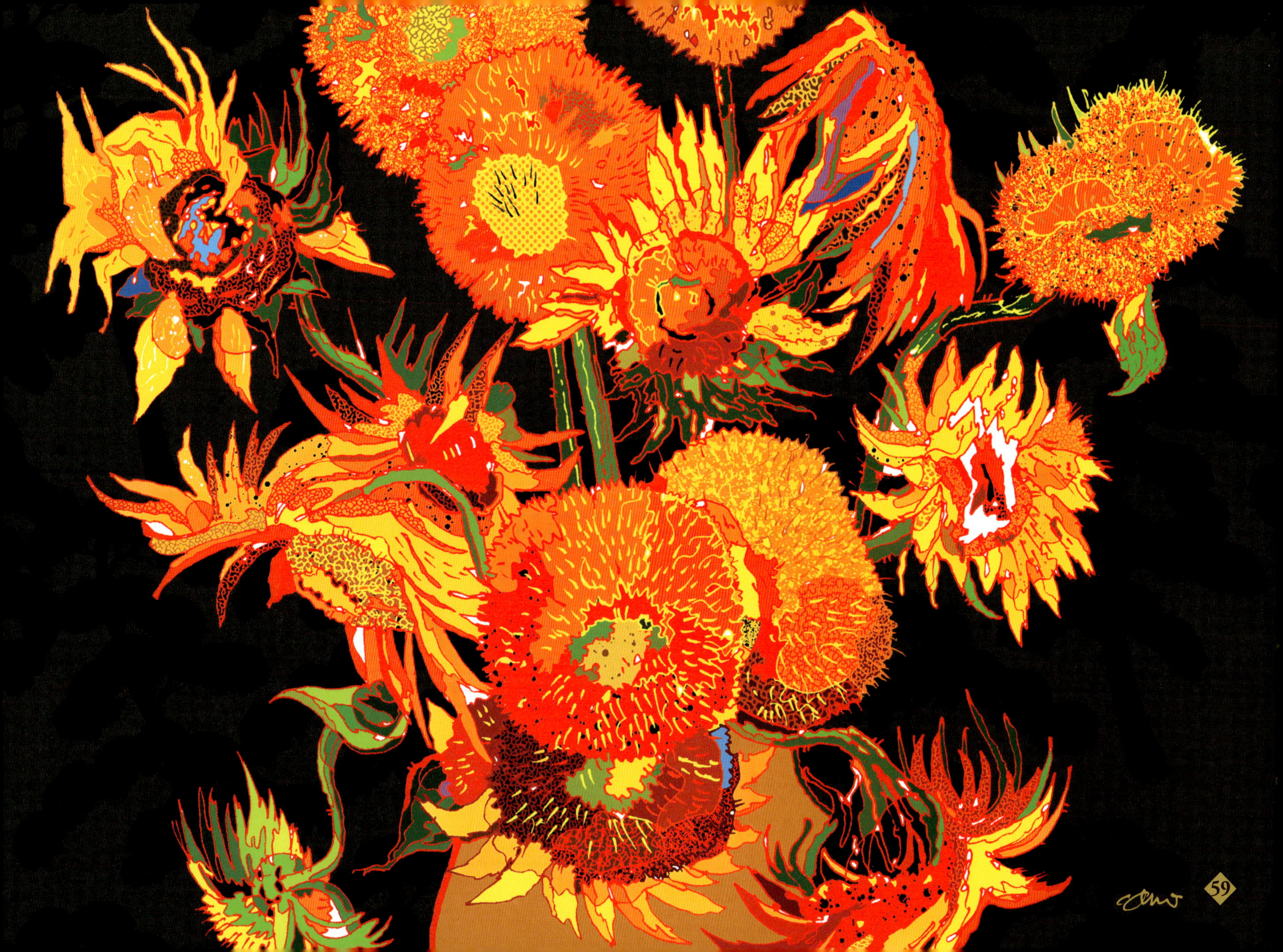

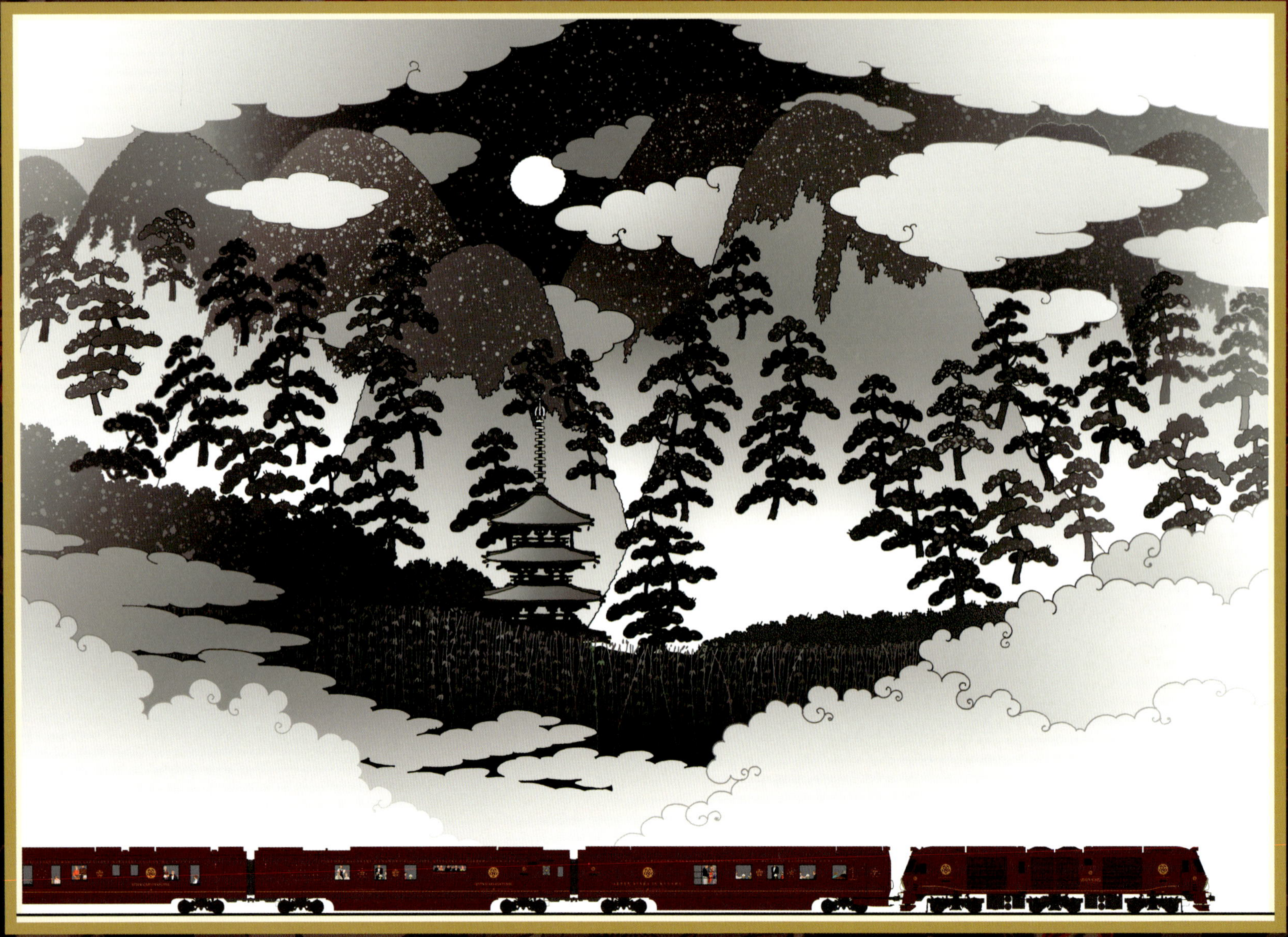

61

SEVEN STARS IN KYUSHU
SEVEN STARS IN KYUSHU
SEVEN STARS IN KYUSHU

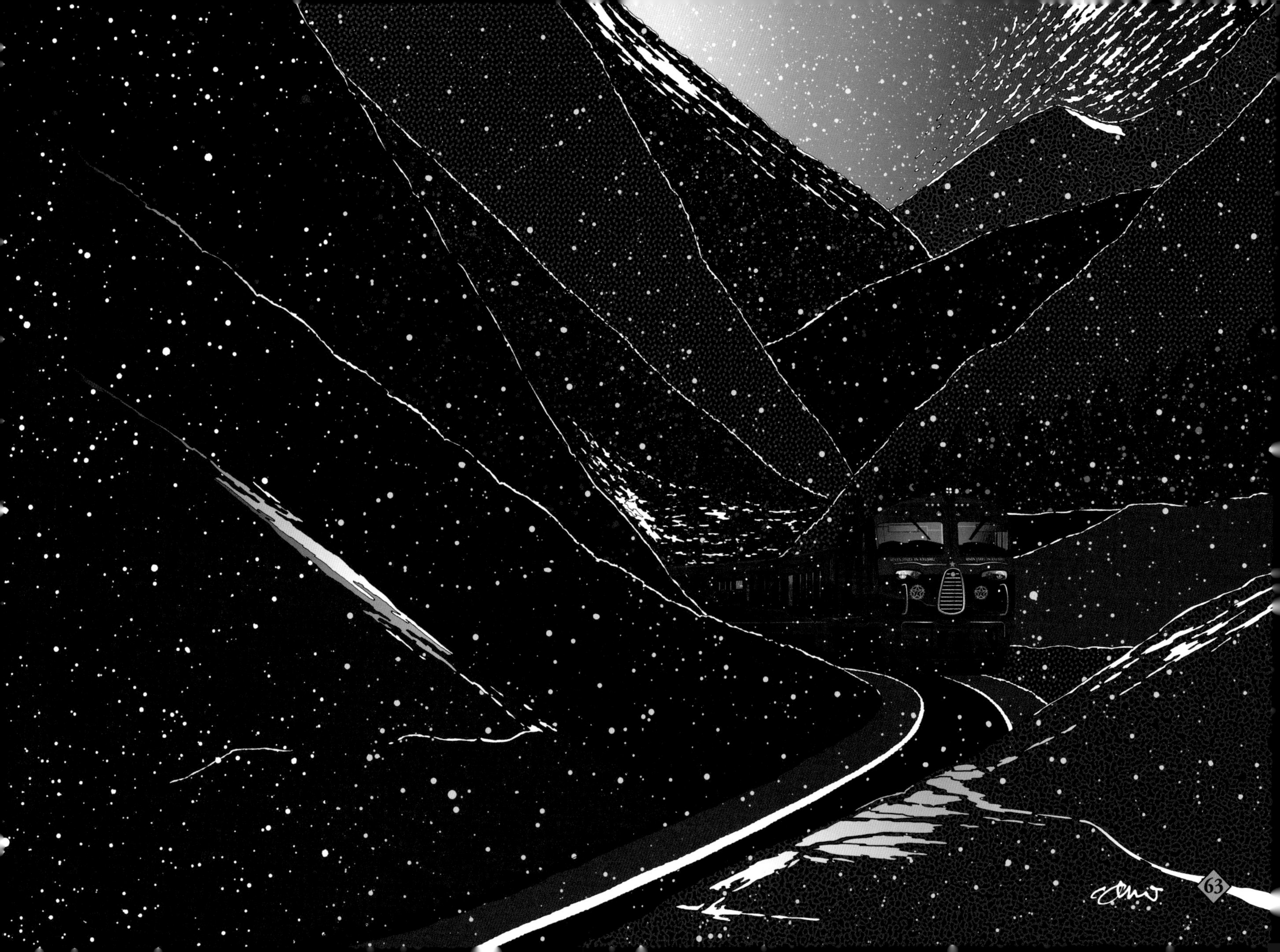

Gallery
ななつ星
ギャラリー

DESIGN

「ななつ星」のデザイン

CRUISE TRAIN
SEVEN STARS
IN KYUSHU

Design

Exterior

Eiji Mitooka + Don Design Associates

Lounge car "Blue Moon"

Lounge car "Blue Moon"

Eiji Mitooka + Don Design Associates

DESIGN

スイートルーム鳥瞰図

Room Design / Suite Rooms

Suite Rooms

ガラスエッチング	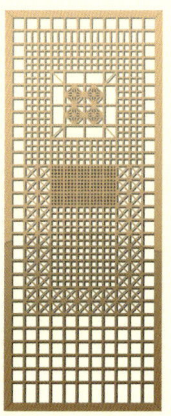 組子	リバーシブルカーテン	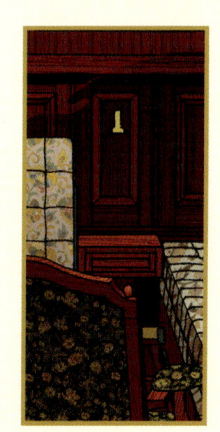 読書灯	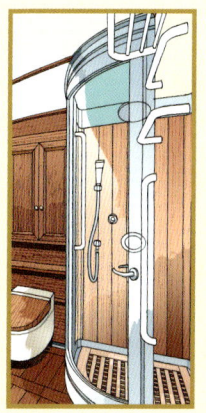 檜材のシャワールーム	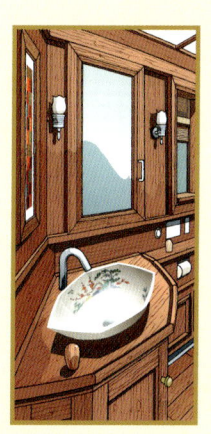 有田焼の洗面鉢

4層構造の窓	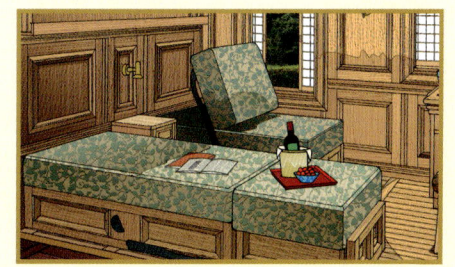 可動式ベッド	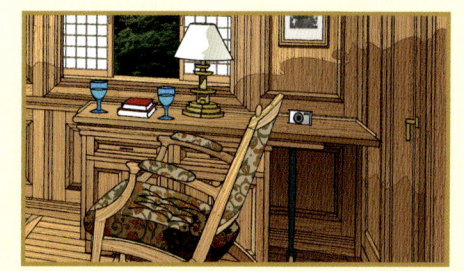 可動式デスク

CRUISE TRAIN SEVEN STARS IN KYUSHU

Room Design / Suite Rooms

Design

Suite Rooms

Room no. 603

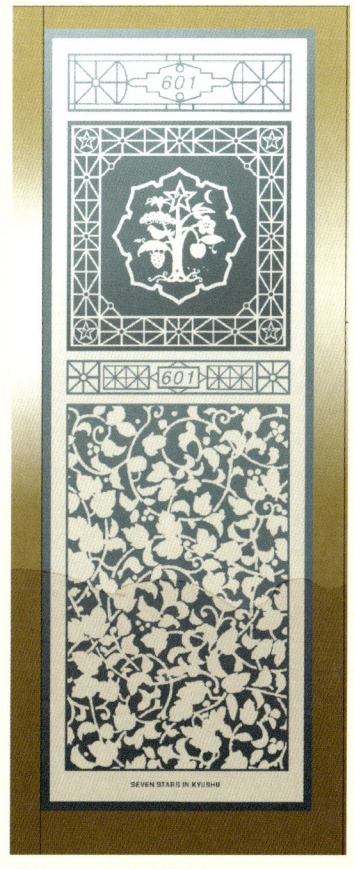

ガラスエッチングのスライドドア 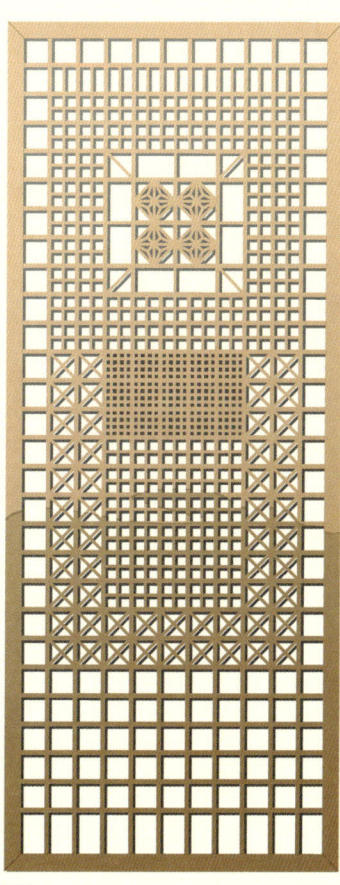 　　　　組子  　　　　可動式ベッドと読書灯 兼 懐中電灯

CRUISE TRAIN SEVEN STARS IN KYUSHU

DESIGN

Room Design / Suite Rooms

Room no. 603

CRUISE TRAIN SEVEN STARS IN KYUSHU

Room Design / Suite Rooms

Suite Rooms

檜材のシャワールーム

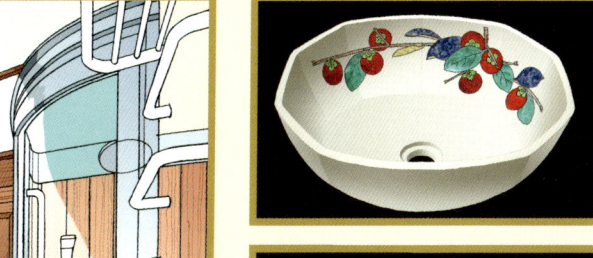

柿右衛門窯の洗面鉢

Design

Room Design / Suite Rooms

Room no. 403

4層構造の窓

Suite Rooms

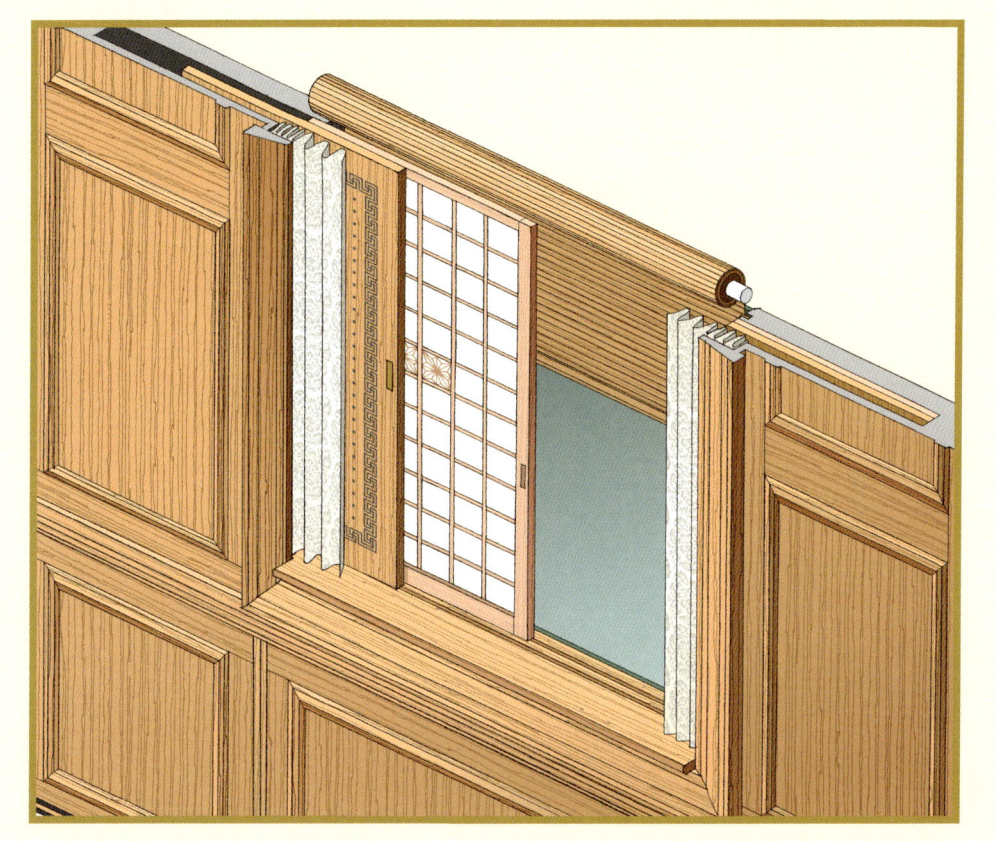

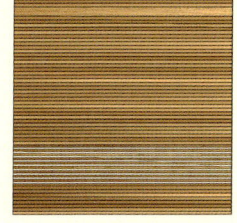

木製ロールブラインド

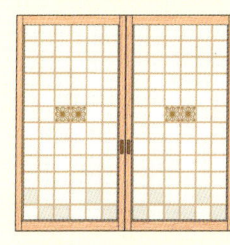

障子

板戸

レースカーテン

CRUISE TRAIN SEVEN STARS IN KYUSHU

DESIGN

Room Design / Suite Rooms

Suite Rooms

Room no. 601

Design

Room Design / Suite Rooms

Room no. 603

Room Design / Suite Rooms

Suite Rooms

4号車通路

Gallery
ななつ星
ギャラリー

ELEMENTS

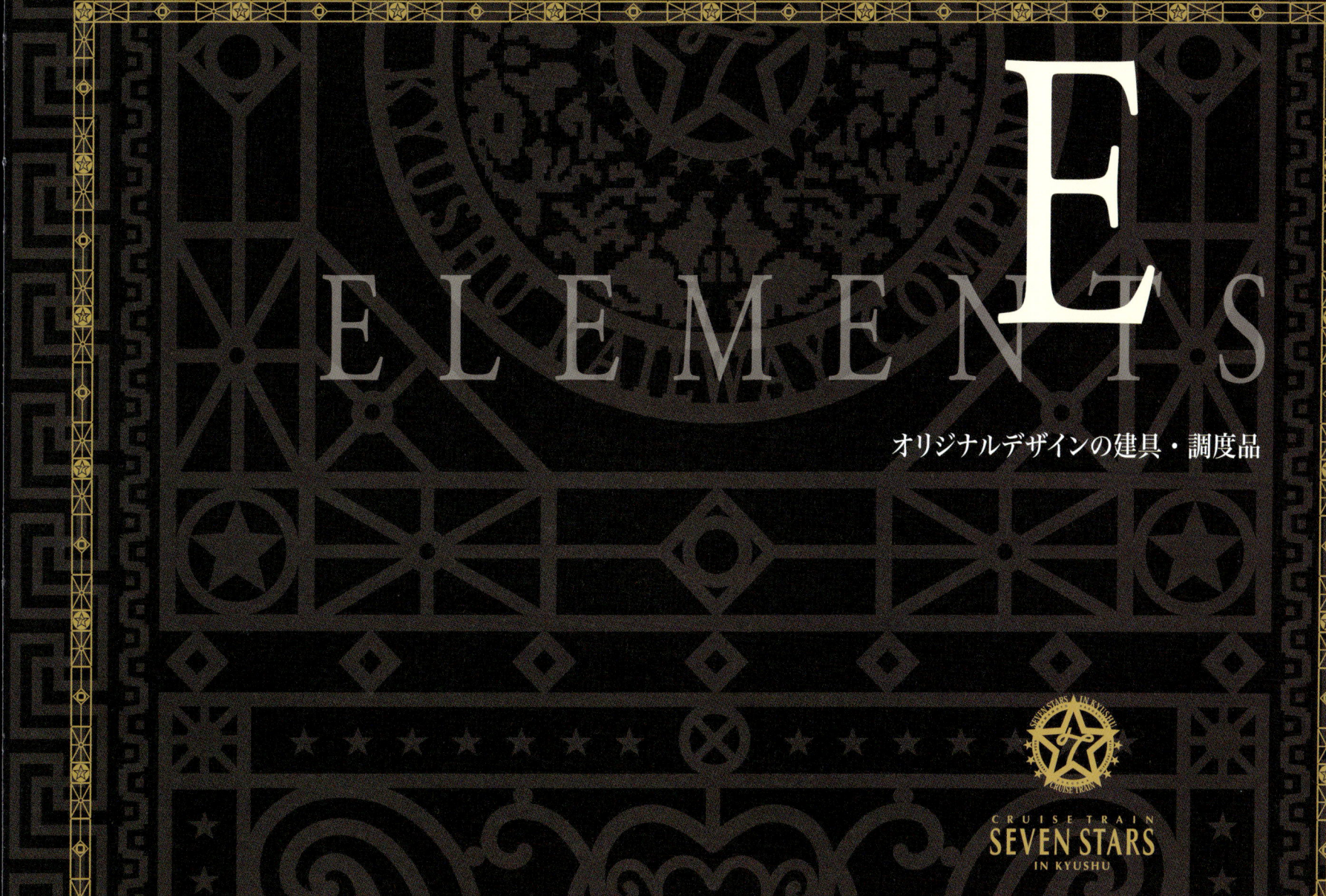

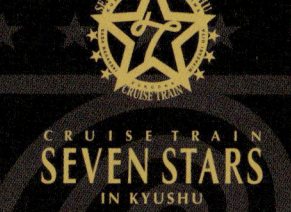

オリジナルデザインの建具・調度品

ELEMENTS

1号車 ガラスエッチングの扉

G LASS ETCHING
ガラスエッチング

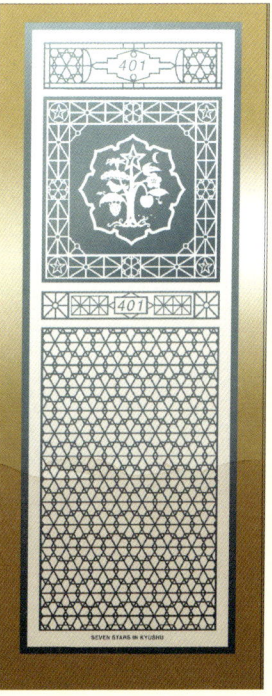

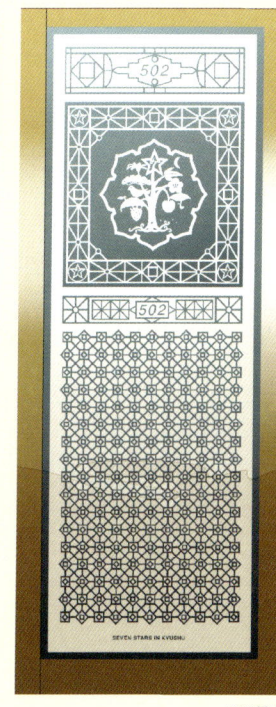

| 302号室 | 303号室 | 401号室 | 502号室 | 601号室 |

SEVEN STARS

ELEMENTS 403号室の組子

KUMIKO
組子

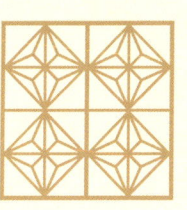

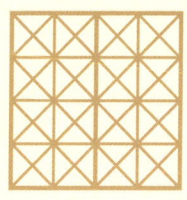

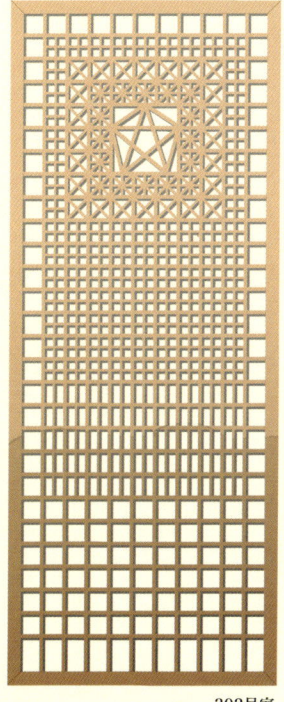

302号室 　401・601号室 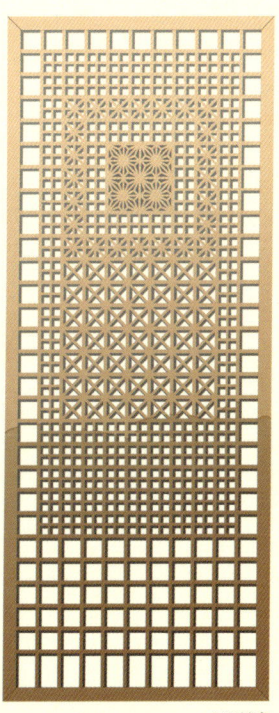　403号室 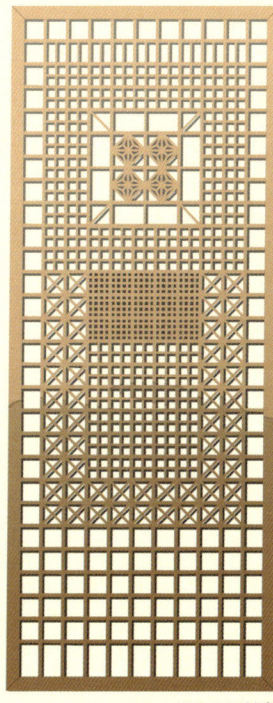　503・603号室 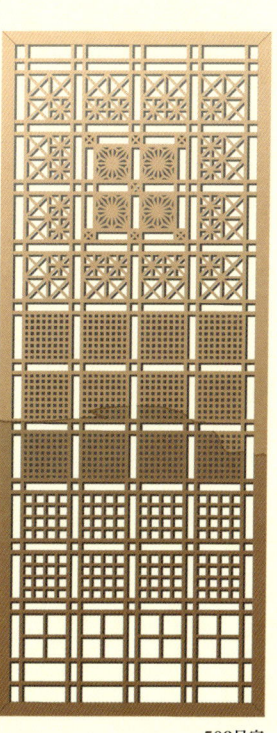　502号室

SEVEN STARS

ELEMENTS

701号室

502号室

FABRICS
ファブリック

SEVEN STARS

Elements

| ラウンジカー | 702号室 | 701号室 |

LIGHTS 照明

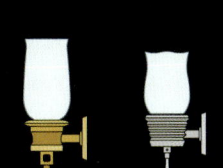

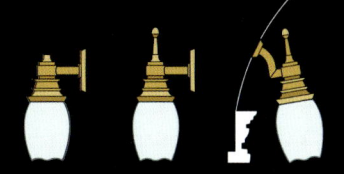

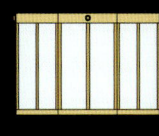

- 通路ブラケット
- 客室ブラケット
- サニタリーブラケット
- 客室シーリング 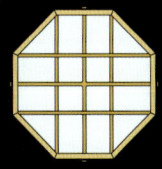
- 客室ペンダント 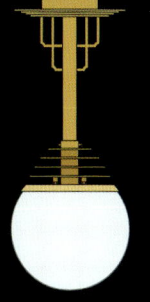
- ダウンライト 
- 701号室ブラケット 
- 客室読書灯 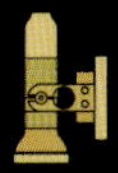
- テーブルスタンド
- 客室スタンド
- 客室スタンド
- 客室スタンド 
- ベッド壁面ブラケット  
- 1号車パーティション

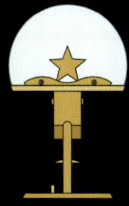

PICTURES
額絵

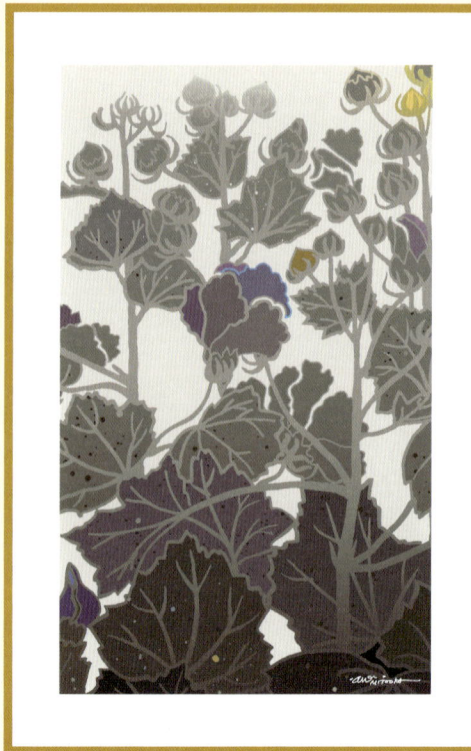

ELEMENTS

4号車通路の額絵

燕子花

芙蓉

屋久杉　　　　　　　　　　　紅葉　　　　　　　　　　　竹

INDEX

頁	イラスト
3	旅立ちイメージ
4	外観パース
5	博多駅ラウンジ「金星」
6	博多駅ホーム
7	ホームイメージ
8	ラウンジカー／展望席
9	ラウンジカー「ブルームーン」／アクソメ図
10	ラウンジカー／鳥瞰図
12	ラウンジカー／展望席
13	ラウンジカー／展望席
14	ラウンジカー／ソファ席
15	ラウンジカー／テーブル席
16	ラウンジカー／テーブル席
17	ラウンジカー／ブルームーンバー
18	ラウンジカー／ピアノとブルームーンバー
19	ラウンジカー／1号車から2号車出入り台
20	2号車出入り台
21	2号車出入り台
22	玖珠川の鉄橋を走行
23	阿蘇駅レストラン「火星」
24	ダイニングカー／木星バー
25	ダイニングカー「木星」／アクソメ図

頁	イラスト
26	ダイニングカー／テーブル席と木星バー
27	ダイニングカー／テーブル席
28	ダイニングカー／茶室とセミコンパートメント
29	ラウンジとダイニングのデザイン
30	ななつ星ギャラリー／丸型絵
31	初期のイメージスケッチ
32	大畑駅リニューアルイメージ
33	駅イメージ
34	スイートルーム／デスク
35	スイートルーム／401号室
36	スイートルーム／アクソメ図 3号車、4号車
37	スイートルーム／アクソメ図 5号車、6号車
38	スイートルーム／301号室 鳥瞰図
39	スイートルーム／301号室 サニタリー、3号車 共用シャワールーム
40	スイートルーム／502号室と通路
41	スイートルーム／602号室
42	7号車出入り台
43	7号車出入り台と通路
44	ポスター／「由布岳」「金鱗湖」
45	ポスター／「北斗七星」「桜島」
46	デラックススイートルーム／701号室
47	デラックススイートルーム／アクソメ図

頁	イラスト
48	デラックススイートルーム／701号室 鳥瞰図
49	デラックススイートルーム／701号室
50	デラックススイートルーム／701号室
51	デラックススイートルーム／702号室
52	デラックススイートルーム／702号室 鳥瞰図
53	デラックススイートルーム／702号室
54	ななつ星ギャラリー／「白虎」
55	初期のイメージスケッチ
56	走行イメージ
57	「桜」
58	走行イメージ
59	「ひまわり」
60	走行イメージ
61	「紅葉」
62	走行イメージ
63	走行イメージ
64	ななつ星ギャラリー／「松」
66	機関車外観
67	ラウンジカー「ブルームーン」透過図
68	スイートルーム／鳥瞰図
69	スイートルームのデザイン
70	スイートルーム／603号室

頁	イラスト
71	スイートルーム／ガラスエッチングドア、組子、可動式ベッドと読書灯
72	スイートルーム／603号室
73	スイートルーム／603号室 サニタリー、洗面鉢
74	スイートルーム／403号室
75	スイートルーム／4層構造の窓
76	スイートルーム／601号室
77	スイートルーム／601号室
78	スイートルーム／603号室と通路
79	4号車通路
80	ななつ星ギャラリー／「踏み石」
82	1号車ガラスエッチングの扉
83	ガラスエッチング
84	403号室の組子
85	組子
86	701号室のソファ、502号室の椅子とベッド
87	ファブリック
88	ラウンジカー、702号室、701号室の照明
89	照明
90	4号車通路の額絵、額絵「燕子花」「芙蓉」
91	額絵「屋久杉」「紅葉」「竹」
94	丸型絵／「松」
95	「ななつ星」1周年大幕

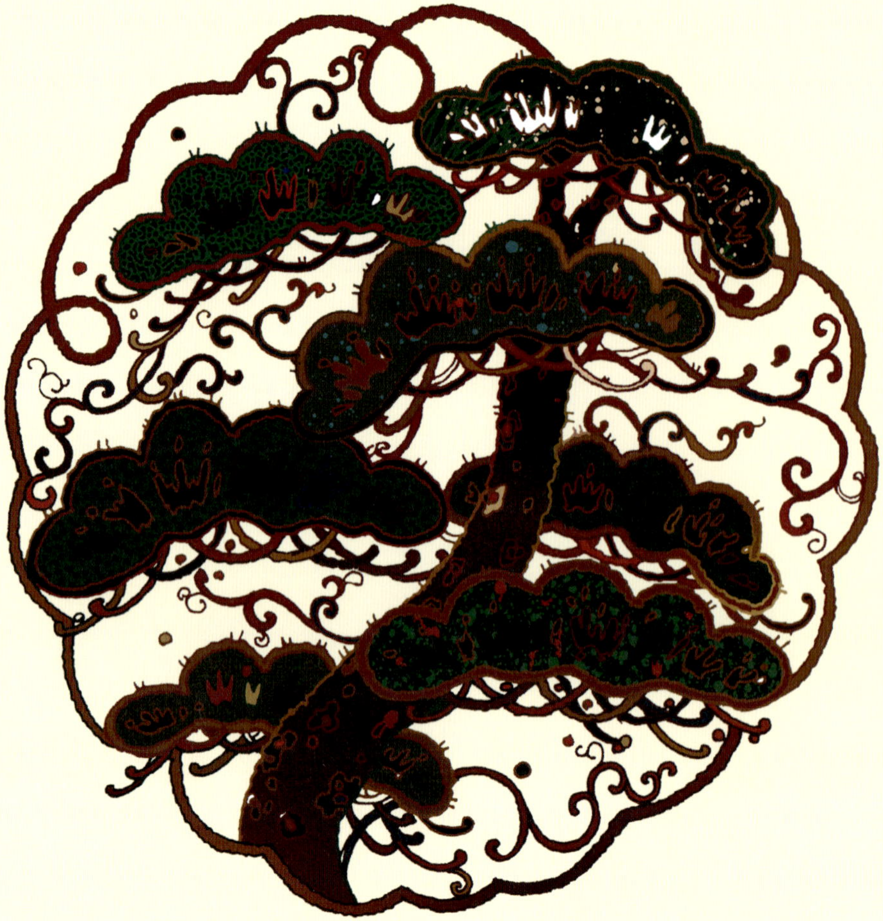

FUKUOKA

SAGA

NAGASAKI

OITA

KUMAMOTO

MIYAZAKI

KAGOSHIMA

SEVEN STARS IN KYUSHU
CRUISE TRAIN

SEVEN
STARS
IN
KYUSHU
KYUSHU RAILWAY COMPANY

ななつ星 in 九州
SEVEN STARS IN KYUSHU

水戸岡鋭治（みとおか・えいじ）
1947年岡山県生まれ。
建築・鉄道車両・グラフィック・プロダクトなどさまざまなジャンルのデザインを手がける。中でもJR九州の駅舎・車両デザインではブルネル賞、ブルーリボン賞、日本鉄道賞、毎日デザイン賞、菊池寛賞、交通文化賞など受賞多数。近年の主なデザインにクルーズトレイン「ななつ星 in 九州」、九州新幹線800系、787系をはじめとしたJR九州の特急車両やD&S(デザイン&ストーリー)列車、「JR博多シティ」、「MOMO」、「たま電車」、「たま駅舎」、「富士登山電車」、「おれんじ食堂」、「阿久根駅舎」、「高速船甑島」、「丹後あかまつ・あおまつ・くろまつ号」、「ろくもん」、「COCORO」、2015年春開業の大分駅ビルなどがある。

編集・イラスト制作　水戸岡鋭治+ドーンデザイン研究所／
　　　　　　　　　三浦葉子　六反一光　小原ゆかり　後藤康之　小島英揮　小津野勝也　今野佑哉　浦島健多　岡村安佑子　鈴木恵利佳
協力　九州旅客鉄道株式会社　クルーズトレイン本部
編集・装幀・本文デザイン　ジョワ・ステューディオ／小谷川和江　杉本真文　杉本睦美
企画・編集協力　神原博之(K.EDIT)

ななつ星 in 九州　画集

2014年 11月20日　初版印刷
2014年 11月30日　初版発行

著　者　水戸岡鋭治
発行者　小野寺優

発行所　株式会社 河出書房新社
〒151-0051 東京都渋谷区千駄ヶ谷2-32-2
電話03-3404-8611（編集）　03-3404-1201（営業）
http://www.kawade.co.jp/

印刷・製本　図書印刷株式会社

Printed in Japan
ISBN978-4-309-22616-3
落丁・乱丁本はお取り替えいたします。
本書のコピー、スキャン、デジタル化等の無断複製は著作権法上での例外を除き禁じられています。本書を代行業者等の第三者に依頼してスキャンやデジタル化することは、いかなる場合も著作権法違反となります。